Nossa Senhora
do Desterro

Celina H. Weschenfelder

Nossa Senhora do Desterro
História e novena

Citações bíblicas: *Bíblia Sagrada*, tradução da CNBB, 7. ed., 2008.

Editora responsável: *Andréia Schweitzer*
Equipe editorial

1ª edição – 2012
9ª reimpressão – 2023

*Nenhuma parte desta obra poderá ser reproduzida ou transmitida
por qualquer forma e/ou quaisquer meios (eletrônico ou mecânico,
incluindo fotocópia e gravação) ou arquivada em qualquer sistema ou
banco de dados sem permissão escrita da Editora. Direitos reservados.*

Paulinas

Rua Dona Inácia Uchoa, 62
04110-020 – São Paulo – SP (Brasil)
Tel.: (11) 2125-3500
http://www.paulinas.com.br – editora@paulinas.com.br
Telemarketing e SAC: 0800-7010081

© Pia Sociedade Filhas de São Paulo – São Paulo, 2012

Introdução

História

Segundo os historiadores, a devoção a Nossa Senhora do Desterro tem origem na Itália. Por ser muito conhecida e venerada em várias regiões deste país, é popularmente chamada de *Madonna degli Emigranti.*

As origens de Nossa Senhora do Desterro no Brasil são controvertidas. Alguns historiadores dizem que a primeira igreja a ela dedicada encontra-se na cidade de Florianópolis, em Santa Catarina. Outros dizem que a primeira foi a capela construída na cidade de Jundiaí, em São Paulo, no ano de 1865.

Nossa Senhora do Desterro continua sendo a padroeira daqueles que são obrigados a deixar sua pátria ou terra natal em busca de melhores condições de vida em outras terras, os quais pedem que ela os acompanhe nessa difícil viagem. Mas também é invocada para várias outras necessidades em meio ao sofrimento.

A devoção a Nossa Senhora do Desterro tem sua fundamentação na Bíblia, no Evangelho de São Mateus. Afirma o evangelista que, após a partida dos Reis Magos, um anjo apareceu a José em sonho e disse: "'Levanta-te, toma o menino e sua mãe e foge para o Egito. Fica lá até que eu te avise, porque Herodes vai procurar o menino para matá-lo'. José levantou-se, de noite, com o menino e a mãe e retirou-se para o Egito; e lá ficou até a morte de Herodes" (cf. Mt 2,13-14).

Devoção atual

Nossa Senhora do Desterro é invocada também como mãe dos que estão desabrigados, longe da família, sem emprego, desprotegidos e sem ninguém que olhe por eles.

A história de Nossa Senhora do Desterro é sempre atual. Ela continua sendo a mãe amorosa, sempre pronta para fazer a vontade do Pai, e é chamada de discípula e missionária. Bento XVI, em sua visita ao Brasil, em maio de 2007, assim a definiu: "Maria Santíssima, a Virgem pura e sem mancha, é para nós escola de fé destinada a nos conduzir e a nos fortalecer no caminho que conduz ao encontro com o Criador do céu e da terra. [...] Permaneçam na escola de Maria. Inspirem-se em seus ensinamentos. Procurem acolher e guardar dentro do coração as luzes que ela, por mandato divino, envia a vocês a partir do alto" (DAp, n. 270).

Maria, pela sua grande fé, teve a coragem de confiar no Deus do impossível e deixar a ele a solução dos seus problemas.

Que esta boa mãe caminhe conosco na peregrinação para Deus, todos os dias da nossa vida!

A festa de Nossa Senhora do Desterro é comemorada no dia 2 de abril.

PRIMEIRO DIA

Maria, mãe de toda a humanidade

Em nome do Pai, do Filho e do Espírito Santo. Amém.

Oração inicial

Ó bem-aventurada Virgem Maria, Rainha do céu e da terra, advogada dos pecadores, auxiliadora dos cristãos, protetora dos pobres, consoladora dos tristes, amparo dos órfãos e das viúvas. Humildemente prostrado aos vossos pés, imploro a vossa proteção. Rezo por todas as famílias e por suas necessidades, para que sejam libertadas de todos os problemas e males.

Peço-vos, querida mãe, que intercedas a Deus por mim neste momento, para que ele me conceda a cura de todas as doenças e, também, a graça de que tanto

necessito (*fazer o pedido*). Por isso, desde já agradeço e louvo o Senhor!

Leitura bíblica

"Porei inimizade entre ti e a mulher, entre a tua descendência e a dela. Ela te ferirá a cabeça e tu lhe ferirás o calcanhar" (Gn 3,15).

Reflexão do Documento de Aparecida

"A máxima realização da existência cristã como um viver trinitário de 'filhos no Filho' nos é dada na Virgem Maria que, através de sua fé (cf. Lc 1,45) e obediência à vontade de Deus (cf. Lc 1,38) [...] é a discípula mais perfeita do Senhor" (DAp, n. 266; cf. LG, n. 53).

Oração final

Nossa Senhora do Desterro, olhai por nós, vossos filhos, apreensivos e inseguros, neste vale de lágrimas, a caminho da pátria

definitiva. Depois desse desterro, ó Mãe carinhosa, mostrai-nos Jesus, bendito fruto do vosso ventre, ó clemente, ó piedosa, ó doce Virgem Maria.

Nossa Senhora do Desterro, acompanhai-nos na travessia do deserto da vida, até alcançarmos o oásis eterno, o céu. Amém!

Rezar

Pai-Nosso, Ave-Maria, Glória ao Pai.

Nossa Senhora do Desterro, rogai por nós!

SEGUNDO DIA

Deus enviou seu Filho, feito de mulher

Em nome do Pai, do Filho e do Espírito Santo. Amém.

Oração inicial

Ó bem-aventurada Virgem Maria, Rainha do céu e da terra, advogada dos pecadores, auxiliadora dos cristãos, protetora dos pobres, consoladora dos tristes, amparo dos órfãos e das viúvas. Humildemente prostrado aos vossos pés, imploro a vossa proteção. Rezo por todas as famílias e por suas necessidades, para que sejam libertadas de todos os problemas e males.

Peço-vos, querida mãe, que intercedas a Deus por mim neste momento, para que ele me conceda a cura de todas as doenças e, também, a graça de que tanto

necessito *(fazer o pedido)*. Por isso, desde já agradeço e louvo o Senhor!

Leitura bíblica

"Quando se completou o tempo previsto, Deus enviou seu Filho, nascido de mulher" (Gl 4,4).

Reflexão do Documento de Aparecida

"Permaneçam na escola de Maria. Inspirem-se em seus ensinamentos. Procurem acolher a guardar dentro do coração as luzes que ela, por mandato divino, envia a vocês a partir do alto"[1] (DAp, n. 270).

Oração final

Nossa Senhora do Desterro, olhai por nós, vossos filhos, apreensivos e inseguros, neste vale de lágrimas, a caminho da pátria definitiva. Depois desse desterro, ó Mãe

---

[1] BENTO XVI. Discurso no final do Santo Rosário no Santuário de Nossa Senhora Aparecida, 12 de maio de 2007.

carinhosa, mostrai-nos Jesus, bendito fruto do vosso ventre, ó clemente, ó piedosa, ó doce Virgem Maria.

Nossa Senhora do Desterro, acompanhai-nos na travessia do deserto da vida, até alcançarmos o oásis eterno, o céu. Amém!

Rezar

Pai-Nosso, Ave-Maria, Glória ao Pai.
Nossa Senhora do Desterro, rogai por nós!

TERCEIRO DIA

A Virgem chamava-se Maria

Em nome do Pai, do Filho e do Espírito Santo. Amém.

Oração inicial

Ó bem-aventurada Virgem Maria, Rainha do céu e da terra, advogada dos pecadores, auxiliadora dos cristãos, protetora dos pobres, consoladora dos tristes, amparo dos órfãos e das viúvas. Humildemente prostrado aos vossos pés, imploro a vossa proteção. Rezo por todas as famílias e por suas necessidades, para que sejam libertadas de todos os problemas e males.

Peço-vos, querida mãe, que intercedas a Deus por mim neste momento, para que ele me conceda a cura de todas as doenças e, também, a graça de que tanto

necessito (*fazer o pedido*). Por isso, desde já agradeço e louvo o Senhor!

Leitura bíblica

"Quando Isabel estava no sexto mês, o anjo Gabriel foi enviado por Deus a uma cidade da Galileia, chamada Nazaré, a uma virgem prometida em casamento a um homem de nome José [...] A virgem se chamava Maria" (Lc 1,26-27).

Reflexão do Documento de Aparecida

"Maria Santíssima é a presença materna indispensável e decisiva na gestação de um povo de filhos e irmãos, de discípulos e missionários de seu Filho" (DAp, n. 524).

Oração final

Nossa Senhora do Desterro, olhai por nós, vossos filhos, apreensivos e inseguros, neste vale de lágrimas, a caminho da pátria definitiva. Depois desse desterro, ó Mãe

carinhosa, mostrai-nos Jesus, bendito fruto do vosso ventre, ó clemente, ó piedosa, ó doce Virgem Maria.

Nossa Senhora do Desterro, acompanhai-nos na travessia do deserto da vida, até alcançarmos o oásis eterno, o céu. Amém!

Rezar

Pai-Nosso, Ave-Maria, Glória ao Pai.

Nossa Senhora do Desterro, rogai por nós!

QUARTO DIA

Maria pronunciou o seu "sim"

Em nome do Pai, do Filho e do Espírito Santo. Amém.

Oração inicial

Ó bem-aventurada Virgem Maria, Rainha do céu e da terra, advogada dos pecadores, auxiliadora dos cristãos, protetora dos pobres, consoladora dos tristes, amparo dos órfãos e das viúvas. Humildemente prostrado aos vossos pés, imploro a vossa proteção. Rezo por todas as famílias e por suas necessidades, para que sejam libertadas de todos os problemas e males.

Peço-vos, querida mãe, que intercedas a Deus por mim neste momento, para que ele me conceda a cura de todas as doenças e, também, a graça de que tanto

necessito *(fazer o pedido)*. Por isso, desde já agradeço e louvo o Senhor!

Leitura bíblica

"Maria disse: 'Eis aqui a serva do Senhor! Faça-se em mim segundo a tua palavra!'. E o anjo retirou-se de junto dela" (Lc 1,38).

Reflexão do Documento de Aparecida

"Um dos eventos fundamentais da Igreja é quando o 'sim' brotou de Maria. Ela atrai multidões à comunhão com Jesus e sua Igreja, como experimentamos muitas vezes nos santuários marianos" (DAp, n. 268).

Oração final

Nossa Senhora do Desterro, olhai por nós, vossos filhos, apreensivos e inseguros, neste vale de lágrimas, a caminho da pátria definitiva. Depois desse desterro, ó Mãe

carinhosa, mostrai-nos Jesus, bendito fruto do vosso ventre, ó clemente, ó piedosa, ó doce Virgem Maria.

Nossa Senhora do Desterro, acompanhai-nos na travessia do deserto da vida, até alcançarmos o oásis eterno, o céu. Amém!

Rezar

Pai-Nosso, Ave-Maria, Glória ao Pai.

Nossa Senhora do Desterro, rogai por nós!

QUINTO DIA

Maria visita sua prima Isabel

Em nome do Pai, do Filho e do Espírito Santo. Amém.

Oração inicial

Ó bem-aventurada Virgem Maria, Rainha do céu e da terra, advogada dos pecadores, auxiliadora dos cristãos, protetora dos pobres, consoladora dos tristes, amparo dos órfãos e das viúvas. Humildemente prostrado aos vossos pés, imploro a vossa proteção. Rezo por todas as famílias e por suas necessidades, para que sejam libertadas de todos os problemas e males.

Peço-vos, querida mãe, que intercedas a Deus por mim neste momento, para que ele me conceda a cura de todas as doenças e, também, a graça de que tanto

necessito *(fazer o pedido)*. Por isso, desde já agradeço e louvo o Senhor!

Leitura bíblica

"Naqueles dias, Maria partiu apressadamente para a região montanhosa, dirigindo-se a uma cidade de Judá. Ela entrou na casa de Zacarias e saudou Isabel" (Lc 1,39-40).

Reflexão do Documento de Aparecida

"Com os olhos postos em seus filhos e em suas necessidades [...] Maria ajuda a manter vivas as atitudes de atenção, de serviço, de entrega e de gratuidade que devem distinguir os discípulos de seu Filho" (DAp, n. 272).

Oração final

Nossa Senhora do Desterro, olhai por nós, vossos filhos, apreensivos e inseguros, neste vale de lágrimas, a caminho da pátria

definitiva. Depois desse desterro, ó Mãe carinhosa, mostrai-nos Jesus, bendito fruto do vosso ventre, ó clemente, ó piedosa, ó doce Virgem Maria.

Nossa Senhora do Desterro, acompanhai-nos na travessia do deserto da vida, até alcançarmos o oásis eterno, o céu. Amém!

Rezar

Pai-Nosso, Ave-Maria, Glória ao Pai.
Nossa Senhora do Desterro, rogai por nós!

SEXTO DIA

Maria: a mulher que acreditou

Em nome do Pai, do Filho e do Espírito Santo. Amém.

Oração inicial

Ó bem-aventurada Virgem Maria, Rainha do céu e da terra, advogada dos pecadores, auxiliadora dos cristãos, protetora dos pobres, consoladora dos tristes, amparo dos órfãos e das viúvas. Humildemente prostrado aos vossos pés, imploro a vossa proteção. Rezo por todas as famílias e por suas necessidades, para que sejam libertadas de todos os problemas e males.

Peço-vos, querida mãe, que intercedas a Deus por mim neste momento, para que ele me conceda a cura de todas as doenças e, também, a graça de que tanto

necessito *(fazer o pedido)*. Por isso, desde já agradeço e louvo o Senhor!

Leitura bíblica

"Feliz aquela que acreditou, pois o que lhe foi dito da parte do Senhor será cumprido" (Lc 1,45).

Reflexão do Documento de Aparecida

"Fixamos o olhar em Maria e reconhecemos nela a imagem perfeita da discípula missionária. Ela nos exorta a fazer o que Jesus nos diz (cf. Jo 2,5) para que ela possa derramar sua vida na América Latina e no Caribe" (DAp, n. 364).

Oração final

Nossa Senhora do Desterro, olhai por nós, vossos filhos, apreensivos e inseguros, neste vale de lágrimas, a caminho da pátria definitiva. Depois desse desterro, ó Mãe carinhosa, mostrai-nos Jesus, bendito fruto do vosso ventre, ó clemente, ó piedosa, ó doce Virgem Maria.

Nossa Senhora do Desterro, acompanhai-nos na travessia do deserto da vida, até alcançarmos o oásis eterno, o céu. Amém!

Rezar

Pai-Nosso, Ave-Maria, Glória ao Pai.

Nossa Senhora do Desterro, rogai por nós!

SÉTIMO DIA

Maria louva e agradece ao Senhor

Em nome do Pai, do Filho e do Espírito Santo. Amém.

Oração inicial

Ó bem-aventurada Virgem Maria, Rainha do céu e da terra, advogada dos pecadores, auxiliadora dos cristãos, protetora dos pobres, consoladora dos tristes, amparo dos órfãos e das viúvas. Humildemente prostrado aos vossos pés, imploro a vossa proteção. Rezo por todas as famílias e por suas necessidades, para que sejam libertadas de todos os problemas e males.

Peço-vos, querida mãe, que intercedas a Deus por mim neste momento, para que ele me conceda a cura de todas as doenças e, também, a graça de que tanto

necessito *(fazer o pedido)*. Por isso, desde já agradeço e louvo o Senhor!

Leitura bíblica

"A minha alma engrandece o Senhor, e meu espírito se alegra em Deus, meu Salvador" (Lc 1,47).

Reflexão do Documento de Aparecida

"O *Magnificat* está inteiramente tecido pelos fios da Sagrada Escritura, os fios tomados pela Palavra de Deus. Assim, revela-se que nela a Palavra de Deus se encontra de verdade em sua casa, de onde entra e sai com naturalidade. Ela fala e pensa com a Palavra de Deus; a Palavra de Deus se faz sua palavra e sua palavra nasce da Palavra de Deus" (DAp, n. 271).

Oração final

Nossa Senhora do Desterro, olhai por nós, vossos filhos, apreensivos e inseguros, neste vale de lágrimas, a caminho da pátria definitiva. Depois desse desterro, ó Mãe carinhosa, mostrai-nos Jesus, bendito fruto do vosso ventre, ó clemente, ó piedosa, ó doce Virgem Maria.

Nossa Senhora do Desterro, acompanhai-nos na travessia do deserto da vida, até alcançarmos o oásis eterno, o céu. Amém!

Rezar

Pai-Nosso, Ave-Maria, Glória ao Pai.
Nossa Senhora do Desterro, rogai por nós!

OITAVO DIA

Maria guardava tudo no silêncio

Em nome do Pai, do Filho e do Espírito Santo. Amém.

Oração inicial

Ó bem-aventurada Virgem Maria, Rainha do céu e da terra, advogada dos pecadores, auxiliadora dos cristãos, protetora dos pobres, consoladora dos tristes, amparo dos órfãos e das viúvas. Humildemente prostrado aos vossos pés, imploro a vossa proteção. Rezo por todas as famílias e por suas necessidades, para que sejam libertadas de todos os problemas e males.

Peço-vos, querida mãe, que intercedas a Deus por mim neste momento, para que ele me conceda a cura de todas as doenças e, também, a graça de que tanto

necessito *(fazer o pedido)*. Por isso, desde já agradeço e louvo o Senhor!

Leitura bíblica

"Sua mãe guardava todas estas coisas em seu coração. E Jesus ia crescendo em sabedoria, tamanho e graça diante de Deus e dos homens" (Lc 2,51b-52).

Reflexão do Documento de Aparecida

"Como mãe de tantos, fortalece os vínculos fraternos entre todos, estimula a reconciliação e o perdão e ajuda os discípulos de Jesus Cristo a se experimentarem como família, a família de Deus. Em Maria encontramo-nos com Cristo, com o Pai e com o Espírito Santo, e da mesma forma com os irmãos" (DAp, n. 267).

Oração final

Nossa Senhora do Desterro, olhai por nós, vossos filhos, apreensivos e inseguros, neste vale de lágrimas, a caminho da pátria definitiva. Depois desse desterro, ó Mãe carinhosa, mostrai-nos Jesus, bendito fruto do vosso ventre, ó clemente, ó piedosa, ó doce Virgem Maria.

Nossa Senhora do Desterro, acompanhai-nos na travessia do deserto da vida, até alcançarmos o oásis eterno, o céu. Amém!

Rezar

Pai-Nosso, Ave-Maria, Glória ao Pai.

Nossa Senhora do Desterro, rogai por nós!

NONO DIA

Eis aí a tua mãe!

Em nome do Pai, do Filho e do Espírito Santo. Amém.

Oração inicial

Ó bem-aventurada Virgem Maria, Rainha do céu e da terra, advogada dos pecadores, auxiliadora dos cristãos, protetora dos pobres, consoladora dos tristes, amparo dos órfãos e das viúvas. Humildemente prostrado aos vossos pés, imploro a vossa proteção. Rezo por todas as famílias e por suas necessidades, para que sejam libertadas de todos os problemas e males.

Peço-vos, querida mãe, que intercedas a Deus por mim neste momento, para que ele me conceda a cura de todas as doenças e, também, a graça de que tanto

necessito *(fazer o pedido)*. Por isso, desde já agradeço e louvo o Senhor!

Leitura bíblica

"Junto à cruz de Jesus, estavam de pé sua mãe e a irmã de sua mãe, Maria de Cléofas, e Maria Madalena. Ao ver sua mãe disse a João: 'Eis a tua mãe'" (cf. Jo 19,25-27).

Reflexão do Documento de Aparecida

"A Virgem de Nazaré teve uma missão única na história da salvação, concebendo, educando e acompanhando seu Filho até o sacrifício definitivo. Do alto da cruz, Jesus Cristo confiou aos seus discípulos, representados por João, o dom da maternidade de Maria [...]" (DAp, n. 267).

Oração final

Nossa Senhora do Desterro, olhai por nós, vossos filhos, apreensivos e inseguros, neste vale de lágrimas, a caminho da pátria

definitiva. Depois desse desterro, ó Mãe carinhosa, mostrai-nos Jesus, bendito fruto do vosso ventre, ó clemente, ó piedosa, ó doce Virgem Maria.

Nossa Senhora do Desterro, acompanhai-nos na travessia do deserto da vida, até alcançarmos o oásis eterno, o céu. Amém!

Rezar

Pai-Nosso, Ave-Maria, Glória ao Pai.

Nossa Senhora do Desterro, rogai por nós!

NOSSAS DEVOÇÕES
(Origem das novenas)

De onde vem a prática católica das novenas? Entre outras, podemos dar duas respostas: uma histórica, outra alegórica.

Historicamente, na Bíblia, no início do livro dos Atos dos Apóstolos, lê-se que, passados quarenta dias de sua morte na Cruz e de sua ressurreição, Jesus subiu aos céus, prometendo aos discípulos que enviaria o Espírito Santo, que lhes foi comunicado no dia de Pentecostes.

Entre a ascensão de Jesus ao céu e a descida do Espírito Santo, passaram-se nove dias. A comunidade cristã ficou reunida em torno de Maria, de algumas mulheres e dos apóstolos. Foi a primeira novena cristã. Hoje, ainda a repetimos todos os anos, orando, de modo especial, pela unidade dos cristãos. É o padrão de todas as outras novenas.

A novena é uma série de nove dias seguidos em que louvamos a Deus por suas maravilhas, em particular, pelos santos, por cuja intercessão nos são distribuídos tantos dons.

Alegoricamente, a novena é antes de tudo um ato de louvor ao Pai, ao Filho e ao Espírito Santo, Deus três vezes Santo. Três é número perfeito. Três vezes três, nove. A novena é louvor perfeito à Trindade. A prática de nove dias de oração, louvor e súplica confirma de maneira extraordinária nossa fé em Deus que nos salva, por intermédio de Jesus, de Maria e dos santos.

O Concílio Vaticano II afirma: "Assim como a comunhão cristã entre os que caminham na terra nos aproxima mais de Cristo, também o convívio com os santos nos une a Cristo, fonte e cabeça de que provêm todas as graças e a própria vida do povo de Deus" (*Lumen Gentium*, 50).

Nossas Devoções procura alimentar o convívio com Jesus, Maria e os santos, para nos tornarmos cada dia mais próximos de Cristo, que nos enriquece com os dons do Espírito e com todas as graças de que necessitamos.

Francisco Catão

Coleção Nossas Devoções

- *Dulce dos Pobres: novena e biografia* – Marina Mendonça
- *Francisco de Paula Victor: história e novena* – Aparecida Matilde Alves
- *Frei Galvão: novena e história* – Pe. Paulo Saraiva
- *Imaculada Conceição* – Francisco Catão
- *Jesus, Senhor da vida: dezoito orações de cura* – Francisco Catão
- *João Paulo II: novena, história e orações* – Aparecida Matilde Alves
- *João XXIII: biografia e novena* – Marina Mendonça
- *Maria, Mãe de Jesus e Mãe da Humanidade: novena e coroação de Nossa Senhora* – Aparecida Matilde Alves
- *Menino Jesus de Praga: história e novena* – Giovanni Marques Santos
- *Nhá Chica: Bem-aventurada Francisca de Paula de Jesus* – Aparecida Matilde Alves
- *Nossa Senhora Aparecida: história e novena* – Maria Belém
- *Nossa Senhora da Cabeça: história e novena* – Mario Basacchi
- *Nossa Senhora da Luz: novena e história* – Maria Belém
- *Nossa Senhora da Penha: novena e história* – Maria Belém
- *Nossa Senhora da Salete: história e novena* – Aparecida Matilde Alves
- *Nossa Senhora das Graças ou Medalha Milagrosa: novena e origem da devoção* – Mario Basacchi
- *Nossa Senhora de Caravaggio: história e novena* – Leomar A. Brustolin e Volmir Comparin
- *Nossa Senhora de Fátima: novena* – Tarcila Tommasi
- *Nossa Senhora de Guadalupe: novena e história das aparições a São Juan Diego* – Maria Belém
- *Nossa Senhora de Nazaré: novena e história* – Maria Belém
- *Nossa Senhora Desatadora dos Nós: história e novena* – Frei Zeca
- *Nossa Senhora do Bom Parto: novena e reflexões bíblicas* – Mario Basacchi
- *Nossa Senhora do Carmo: novena e história* – Maria Belém
- *Nossa Senhora do Desterro: história e novena* – Celina Helena Weschenfelder
- *Nossa Senhora do Perpétuo Socorro: história e novena* – Mario Basacchi
- *Nossa Senhora Rainha da Paz: história e novena* – Celina Helena Weschenfelder
- *Novena à Divina Misericórdia* – Tarcila Tommasi

- *Novena das Rosas: história e novena de Santa Teresinha do Menino Jesus* – Aparecida Matilde Alves
- *Novena em honra ao Senhor Bom Jesus* – José Ricardo Zonta
- *Ofício da Imaculada Conceição: orações, hinos e reflexões* – Cristóvão Dworak
- *Orações do cristão: preces diárias* – Celina Helena Weschenfelder
- *Os Anjos de Deus: novena* – Francisco Catão
- *Padre Pio: novena e história* – Maria Belém
- *Paulo, homem de Deus: novena de São Paulo Apóstolo* – Francisco Catão
- *Reunidos pela força do Espírito Santo: novena de Pentecostes* – Tarcila Tommasi
- *Rosário dos enfermos* – Aparecida Matilde Alves
- *Rosário por uma transformação espiritual e psicológica* – Gustavo E. Jamut
- *Sagrada Face: história, novena e devocionário* – Giovanni Marques Santos
- *Sagrada Família: novena* – Pe. Paulo Saraiva
- *Sant'Ana: novena e história* – Maria Belém
- *Santa Cecília: novena e história* – Frei Zeca
- *Santa Edwiges: novena e biografia* – J. Alves
- *Santa Filomena: história e novena* – Mario Basacchi
- *Santa Gemma Galgani: história e novena* – José Ricardo Zonta
- *Santa Joana d'Arc: novena e biografia* – Francisco de Castro
- *Santa Luzia: novena e biografia* – J. Alves
- *Santa Maria Goretti: história e novena* – José Ricardo Zonta
- *Santa Paulina: novena e biografia* – J. Alves
- *Santa Rita de Cássia: novena e biografia* – J. Alves
- *Santa Teresa de Calcutá: biografia e novena* – Celina Helena Weschenfelder
- *Santa Teresinha do Menino: novena e biografia* – Jesus Mario Basacchi
- *Santo Afonso de Ligório: novena e biografia* – Mario Basacchi
- *Santo Antônio: novena, trezena e responsório* – Mario Basacchi
- *Santo Expedito: novena e dados biográficos* – Francisco Catão
- *Santo Onofre: história e novena* – Tarcila Tommasi
- *São Benedito: novena e biografia* – J. Alves

- *São Bento: história e novena* – Francisco Catão
- *São Brás: história e novena* – Celina Helena Weschenfelder
- *São Cosme e São Damião: biografia e novena* – Mario Basacchi
- *São Cristóvão: história e novena* – Mário José Neto
- *São Francisco de Assis: novena e biografia* – Mario Basacchi
- *São Francisco Xavier: novena e biografia* – Gabriel Guarnieri
- *São Geraldo Majela: novena e biografia* – J. Alves
- *São Guido Maria Conforti: novena e biografia* – Gabriel Guarnieri
- *São José: história e novena* – Aparecida Matilde Alves
- *São Judas Tadeu: história e novena* – Maria Belém
- *São Marcelino Champagnat: novena e biografia* – Ir. Egídio Luiz Setti
- *São Miguel Arcanjo: novena* – Francisco Catão
- *São Pedro, Apóstolo: novena e biografia* – Maria Belém
- *São Peregrino Laziosi* – Tarcila Tommasi
- *São Roque: novena e biografia* – Roseane Gomes Barbosa
- *São Sebastião: novena e biografia* – Mario Basacchi
- *São Tarcísio: novena e biografia* – Frei Zeca
- *São Vito, mártir: história e novena* – Mario Basacchi
- *Senhora da Piedade: setenário das dores de Maria* – Aparecida Matilde Alves
- *Tiago Alberione: novena e biografia* – Maria Belém